Adhémard LESFARGUES-LAGRANGE

LE RADICALISME

ET LES

RADICAUX

Le Fer et la Liberté

Prix : 40 Centimes

BORDEAUX

MARCELIN LACOSTE, LIBRAIRE-ÉDITEUR

82-84, RUE SAINTE-CATHERINE (PLACE SAINT-PROJET)

1875

LE

RADICALISME

ET LES

RADICAUX

Détruire un mal dans sa racine, au siége même de son existence, voilà ce qu'on appelle une mesure radicale. Le physique joue le plus grand rôle dans ce système, car les moyens moraux ne sont que relativement radicaux, si toutefois ils peuvent l'être en thèse généralé.

Dieu nous a donné un exemple du plus grand acte de radicalisme dans le déluge universel. Ne *pouvant* venir à bout du caractère pervers de l'espèce humaine, il employa le moyen — facile à lui — de submerger la terre à l'aide de pluies consécutives. Tous les pauvres humains trouvèrent la mort, à part Noé et sa famille, lesquels étaient la vertu même. Il ne restait donc que les bons : les flots avaient détruit le reste. Très bien ! Mais la loi des germes allait reprendre son rôle dans les phases de la reproduction indéfinie : les bons produisirent des mauvais, et, ce qu'il y a de plus bizarre, les mauvais produisirent des bons ! En résumé, la mesure *radicale* employée par le Tout-Puissant ne produisit que momentanément son effet ; car, à l'heure présente, le besoin d'un nouveau déluge universel se ferait grandement sentir. Mais en quel endroit trouver un Noé ? Quel est le constructeur de navires capable d'en fournir un pouvant contenir une paire de chaque espèce d'animaux ?

Le cultivateur arrachant la mauvaise herbe dans son champ fait là du radicalisme ; cependant, il arrive parfois, dans les temps humides, que l'herbe complétement extraite du sol et laissée sur la surface reprend racine et vigueur. Cela n'est rien en comparaison de la Dombasle, qui, traînée par un attelage vigoureux, fouille le sol et le détourne de façon à mettre dessus ce qui était dessous. Là, encore, la loi des germes reprend son rôle, et c'est à recommencer l'année suivante.

Fabert ayant été blessé à la jambe, les médecins décidèrent que l'amputation était indispensable pour sauver la vie du héros dont Metz doit s'enorgueillir. Les prières, les supplications trouvèrent le soldat inébranlable : « Je » ne veux pas mourir par pièces, dit-il ; la mort aura tout » ou rien ! » Combien Fabert eut raison de refuser à la science la mesure *radicale* qu'elle croyait utile d'employer pour sauver ses jours ! Le guerrier guérit parfaitement de sa jambe malade, et il la conserva. Qui pourrait affirmer que l'amputation n'aurait pas été suivie d'accidents dont les suites auraient amené la mort ?

Voilà un simple aperçu de radicalisme. Ce que Dieu et la Dombasle n'ont *pu* réussir à détruire, des hommes veulent l'entreprendre sans sourciller. La modestie ne serait-elle pas chose étrangère à certains calculs, à certaines combinaisons ?

Toutes les fois qu'un moyen extrême est employé pour arriver à un résultat quelconque et le plus promptement possible, on prend une mesure *radicale*. C'est un système très dangereux, produisant, le plus souvent, l'opposé des espérances attendues.

En politique, surtout, ce moyen extrême — dont tous les partis se sont servis — a donné une somme bien plus grande de mauvais résultats que de bons. On peut affirmer que les fruits provenant du radicalisme ne se conservent pas longtemps. Sans doute par la raison qu'ils sont cueillis avant l'heure... Cependant on a des fruits.

Lorsque le remède est pire que le mal, il y a matière à réflexion.

A l'heure présente, en France, le *radicalisme* a l'air de se donner comme étant un drapeau, et les gens qui ne voient le jour qu'à travers de mauvaises lunettes peuvent seuls ne pas s'apercevoir de la vérité.

On connaît l'histoire de ce gamin versant des larmes de rage parce que le domestique ne lui donnait pas ce qu'il demandait. La mère arrive furieuse, menaçant de congédier cet insolent valet s'il n'obtempère, séance tenante, au caprice de sa progéniture.

— Eh! madame, donnez donc vous-même à monsieur ce qu'il demande! répondit le serviteur.

Après explications, on apprit que *monsieur* avait demandé la lune, dont l'image miroitait dans un seau d'eau claire.

Nous ne pouvons citer un exemple plus vrai que cette anecdote amusante pour définir le drapeau du radicalisme et la valeur politique qu'on doit y attacher. Les radicaux nous rappellent ce gamin lunatique. Leurs théories révolutionnaires sont aussi sensées qu'une campagne entreprise dans le but d'attraper la lune, chose qui, d'ailleurs, ne suffirait point à leurs vastes désirs, à leurs grandioses projets, à leurs incommensurables espérances!...

Si, par hasard et par *n'importe quels moyens*, la lune convoitée venait *à tomber* en leur pouvoir, ces messieurs ne tarderaient pas à demander le soleil...

Ah ! les radicaux sont de fortes têtes ! Il n'est pas comme eux pour aller de l'avant !... Quel malheur que la France ne veuille pas goûter leur système si complet et si égalitaire.

Telle est leur philanthropie, que, s'ils étaient au pouvoir, on verrait des décrets du genre de ceux ci-après, ayant force de loi :

Le Comité révolutionnaire séant à Paris,

Considérant qu'il n'est pas juste que le Midi de la France ait seul le privilége de produire du vin, tandis que l'Ouest s'est contenté jusqu'à présent de produire du cidre et du poiré ;

Ordonne, pour compléter le système égalitaire gouvernemental. que les pommiers et poiriers de la Normandie et autres lieux soient immédiatement arrachés, et que des cépages des vignobles du Médoc, ramassés pour la circonstance, soient plantés à leur place, de manière à donner au moins un rendement égal à la quantité de liquide produit par les arbres susdits.

Les chefs de district sont chargés de l'exécution du présent décret.

Signé :
(Les Membres du Comité révolutionnaire de Paris.)

Heureux Normands !...

AUTRE DÉCRET :

Au citoyen Grand-Maître de l'Université.

Il ne suffit pas que dans les lycées et autres établissements d'instruction on se serve d'un enseignement uniforme : il faut remédier à un vice grave dont notre système égalitaire gouvernemental aurait à souffrir ; c'est-à-dire qu'il est urgent de donner à chaque élève le même degré d'intelligence et d'aptitude, pour éviter les catégories de citoyens ; en un mot, il faut supprimer les passions, qui sont la source de tout mal et engendrent l'égoïsme et l'ambition.

Ce qu'il y a de plus révoltant, c'est que nous avons dans nos ministères des citoyens accablés de tous les diplômes et qui, en résumé, ne sont que des mules de Balaam, tandis que d'autres, simples élèves d'écoles primaires, sont tout l'opposé des premiers. Avisez à cela et donnez des ordres en conséquence. Vous pouvez employer tous les moyens que vous jugerez convenables pour obtenir ce résultat : des intelligences et des aptitudes uniformes.

Signé :

(Les Membres du Comité révolutionnaire
de Paris.)

Heureux Lycéens !...

AUTRE DÉCRET :

Au citoyen Grand-Docteur du territoire de la République.

Les inégalités physiques de l'espèce humaine viennent contrarier les projets de notre système égalitaire gouvernemental, de telle façon que les hommes forts et robustes qui, malgré d'autres aptitudes, sont employés pour le transport et le maniement des fardeaux, se plaignent avec raison d'être favorisés de la nature sous le rapport de la santé en voyant les avortons humains employés à l'ombre dans les bureaux et se moquant d'eux à l'occasion.

Il faut que, dans un temps peu éloigné, nous ayons des sujets d'une force physique uniforme. Sans cela nous serions forcés de renoncer à la pratique de notre grand système égalitaire gouvernemental.

Signé :

(Les Membres du Comité révolutionnaire
de Paris.)

Heureux mortels !... Heureux régime !...

Si nous devions donner ici copie de tous les décrets de ce genre dont l'utilité se ferait sentir pour mener à bonne fin le fameux système des radicaux, archiradicaux et radicaux à tout casser, nous renoncerions à la tâche que nous avons entreprise.

En politique, comme en médecine, on doit tenir compte
de la nature. Pour se décider sur une forme de gouvernement, il ne faut pas faire de suppositions sur ce que
pourra être le caractère général politique d'une nation
dans un avenir plus ou moins éloigné, — ce qui conduit
sous le joug tyrannique d'un seul; — c'est sur le caractère actuel d'un peuple que l'on doit se baser pour gouverner ce même peuple, tout en travaillant pour une
amélioration graduelle. L'avenir doit faire le reste, suivant les circonstances et les cas imprévus qui surgissent
en toutes choses. D'ailleurs, il faut être bien orgueilleux
ou bien insensé pour aspirer à imposer à des êtres futurs
un système qui pourrait ne pas leur convenir. Ce sont les
événements qui généralement font les hommes.

L'histoire des nations et des peuples est presque partout
la même sous le rapport politique, physique ou moral.
Pour venir à l'appui de notre idée, qui consiste à soute-
nir que les *mesures radicales* n'ont jamais donné de bases
solides à un principe quelconque, nous allons fouiller un
peu dans l'histoire et citer quelques faits dont il sera
facile de tirer une conclusion vraie.

Voyons un peu l'histoire romaine :

La Rome moderne ne donne qu'une faible idée, en
population comme en étendue, de ce qu'était l'ancienne
Rome, qui, à son début, servait de repaire à des brigands.
Peu à peu il y eut amélioration, et en deux cent quarante-
quatre ans, sept rois s'y succédèrent. Elle prenait gra-
duellement de l'importance, de la richesse, etc. Les
Tarquins, par leur tyrannie, causèrent l'expulsion des
rois.

Alors la République fut proclamée. Rome fut gouver-
née par des consuls qui se renouvelaient chaque année.
Cette particularité d'une année pour le changement du
rouage administratif du pouvoir mérite quelque observa-
tion. A l'heure présente, et après tant de siècles, quelle

est la puissance qui pourrait accepter de telles lois? La France, tout imbue qu'elle est actuellement de républicanisme, s'effraierait d'une mesure semblable : il y aurait perturbation, manque de confiance, un trouble général qui la jetterait dans les bras d'un monarque...

Rome, à la suite de ce changement, fut bien souvent mise en péril. Les querelles inévitables des *patriciens* et des *plébéiens* firent reculer le progrès résultant des anciens régimes. Le contre-coup se faisait sentir avec force.

A un moment donné, cependant, Rome devient la première puissance du monde.

Mais le péril recommence à se dessiner. Deux partis qui veulent lutter à mort se trouvent en présence. Tous les moyens leur sont bons pour arriver à leur résultat. Enfin, Marius est vaincu, et Sylla fait triompher le parti *aristocratique*. Dès le jour où Sylla entre en triomphateur dans la ville de Rome, une ère de sang, d'injustice et d'horreurs commence. La démocratie est combattue par les moyens les plus *radicaux*, jusqu'au moment où le tyran rentre dans la vie privée.

Les principaux événements qui suivent la mort de Sylla sont la grande lutte de César et de Pompée. Là, nous voyons César faire triompher le parti *démocratique*.

César est une des plus grandes figures de l'histoire romaine. Un cœur généreux et humain bat rarement dans la poitrine des guerriers. Les historiens nous disent pourtant que ce héros versa d'abondantes larmes lorsqu'on lui présenta la tête de Pompée. Bien plus, il vengea la mort de celui qui avait été son mortel ennemi. Il pardonna à tous les autres et n'usa du pouvoir absolu que pour faire le bien. Que pouvait-on désirer de plus? N'est-ce pas là le type du républicain? Cependant, une haine sourde trame sa mort. On le *soupçonne* d'ambitionner le titre de roi, lui qui était investi de la dictature perpétuelle. Bref, le 15 mars de l'an 44 avant Jésus-Christ, il est assassiné en plein Sénat. Et qui trouve-t-on parmi ses assassins? Ce même Brutus qui avait combattu contre lui dans les rangs de l'armée aristocratique, et qui reconnaissait à sa façon les bienfaits qu'il avait reçus de César. Le royaliste était devenu *radical*. Du reste, tous ces conjurés étaient les *radicaux* de l'époque. On sait les fruits qu'ils recueillirent pour la plupart de l'emploi de leur système. Parmi les radicaux qui peuplent actuellement la France, il ne manque point de Brutus. Nous les voyons se dessiner peu à peu. Ils ne se servent pas du poignard ou de l'épée, car ils en ont peur et se rappellent la fin de leurs aînés. Mais c'est avec une plume vénale et des discours de genre qu'ils travaillent au renversement de ce qu'ils ont l'air d'adorer. Ils font toujours quelques victimes.

Revenons à Brutus Ier. Le crime consommé sur la personne de César amena la reprise des hostilités. La lutte recommence de plus belle, si bien qu'on en arrive à l'embarras du choix entre Octave et Antoine. C'est Octave qui a la préférence : le Sénat lui décerne les titres de prince, d'auguste et d'empereur. On essaie ainsi, par tous les moyens possibles, à asseoir les bases d'une *monarchie* sans fin.

La République avait duré 480 ans ; l'Empire devait en durer plus de 500.

Tous les moyens plus ou moins *radicaux*, employés tour à tour par les deux partis, n'empêchent point la ruine d'un empire si fort, si grand, si envié. La dégringolade marche, marche toujours. A un moment donné, nous voyons Pépin le Bref empêcher le roi des Lombards de s'emparer des terres de l'Église, dont il fit don au pape Étienne II. C'est, croyons-nous, de cette alliance du pape et de Pépin, pour une cause assez temporelle, que naquit ce qu'on appelle le *droit divin*.

On a vu ce qu'a été Rome à son début, ce qu'elle a été

à son apogée. Maintenant, qu'est-elle?... La ville est toujours une des plus belles du monde : le temple des sciences et des arts. Mais de l'empire romain, de sa puissance politique, que reste-t-il? Le souvenir!

———

Si les familles patriciennes s'éteignirent peu à peu dans l'empire romain, elles se trouvent en France, avant la Révolution, dans toute leur puissance. De même que les Tarquins, Louis XIV et Louis XV préparèrent la chute de la royauté, et le malheureux Louis XVI, en expiation des crimes commis par un régime auquel il appartenait par la naissance, porta sa tête sur l'échafaud. L'acte *radical* accompli le 21 janvier 1793, sur la place de la Révolution, fit trembler tous les trônes de l'Europe. Les Plébéiens vengeaient leur sang dans le sang même des Patriciens; ils prenaient par la force des droits qui leur étaient dus depuis longtemps, et que des rois, entourés de courtisans aveugles et égoïstes, leur refusaient obstinément, alors que dans la situation se dessinaient des éclairs, avant-coureurs d'un prochain et terrible orage. Une ère nouvelle venait de s'ouvrir, les priviléges étaient abolis et les immortels principes de 89 préparaient la base de l'édifice sur lequel était inscrit : *Liberté, Égalité, Fraternité.*

Autant la cause était belle et sacrée, — car les hommes, égaux déjà devant les lois de la nature, allaient être égaux devant les lois de la patrie, — autant ce qui suivit ce grand événement fut triste et malheureux. Les excès succédèrent aux excès. Que de sang coula inutilement! Que de malheureux innocents périrent du plus affreux des trépas ! Les instruments de mort, dressés, attendaient leur proie... Les représentants de la France, les hommes qui auraient dû donner l'exemple des vertus civiques et

de la modération, s'envoyaient mutuellement à l'échafaud !

Ici, la République se voile ! Elle attend la fin de ces
orgies sanguinaires faites à l'ombre de son drapeau. Le
caractère humain se donne un libre cours, et, selon l'ex-
pression de Lamartine dans les *Girondins*, les représentants du peuple même ont peur de leur ouvrage !

Lorsque l'on veut aller trop loin et trop vite, lorsque
le frein utile à chaque chose vient à se briser, on peut
s'attendre à tout ! De la bêtise et de la désunion des
peuples, les rois sont la conséquence. Ces derniers, à leur
tour, subissent relativement les mêmes lois... Mais c'est de
la boue et du sang de 93 que naquit Napoléon Ier !

Le premier empereur romain de la *monarchie vraie*,
Dioclétien, ainsi que Bonaparte, sortait d'une famille
obscure et commença par être simple soldat. Ambitieux
et capable, il arriva rapidement à la fortune. Il abdiqua
par suite d'une maladie et se retira à Salone. Plus tard,
on l'engagea à venir reprendre la couronne. Pour toute
réponse, il invita l'auteur de cette proposition « à venir
visiter ses jardins de Salone. » Ce monarque disait n'avoir
commencé à vivre que du jour de son abdication.

Napoléon Ier, le chef de la première *monarchie fausse*,
de son coup d'œil d'aigle voit le parti qu'il peut tirer de
la folie révolutionnaire. On ne peut nier le génie de cet
homme funeste qui a fait beaucoup plus de mal que de
bien, et dont la gloire a été achetée par trop de sang, ce
qui en diminue la grandeur. Son 18 brumaire était une
mesure radicale pour mettre un pied sur les marches du
trône. Et de même que le *radical* Brutus soupçonnait
César de vouloir détruire la République romaine, Bonaparte soupçonnait le duc d'Enghien de conspirer contre
son gouvernement. Arrêté lâchement en pays neutre, le
dernier des Condés fut conduit à Vincennes, où il fut
assassiné le 21 mars 1804. C'était une mesure *radicale*

que le grand homme avait cru devoir employer dans l'intérêt de la France... ou plutôt dans son intérêt.

Onze ans plus tard, le *Bellérophon* emportait l'ambitieux qui avait oublié qu'il n'était qu'un homme, et le clapotement des flots devait faire retentir à son oreille le « souvenir du 18 brumaire et la mort du duc d'Enghien. » Toutes les mesures *radicales* prises par le héros n'avaient abouti qu'à lui frayer un passage dans le chemin de l'exil. Bien moins heureux que Dioclétien, c'est du premier jour de son abdication qu'il commença à mourir.

Il nous restait la colonne !...

Le sort de Louis XVI n'avait point dégoûté les Bourbons et les d'Orléans du trône.

Après eux, nous voyons venir un autre Bonaparte, à qui la colonne servait de phare. Comme son oncle, il tua la République, de laquelle il était né. Comme mesure *radicale*, il fit déporter 50,000 citoyens et fit un 18 brumaire. Hélas ! Sedan n'avait pas été prévu !

La colonne était encore debout ! Mais elle ne devait pas tarder à tomber, malgré la qualification d' « indestructible monument » faite par le poète. Tant il est vrai que, seules, les œuvres intellectuelles et morales traversent les âges ; les siècles les laissent intactes et dans un état primitif qui est même respecté ; mais les monuments, quelle que soit leur grandeur, élevés pour honorer les passions, et dont le sang a teint la base, s'écroulent au moment où l'on s'y attend le moins et malgré tous les efforts qui ont été faits dans le but de les assujettir.

Français, nous le disons bien haut, cette colonne sur laquelle un homme d'appétits sanguinaires avait l'air de braver l'Europe entière, — cette colonne est la seule cause des malheurs de 1870, qui ont mis notre patrie à deux doigts de sa perte ; et si, en tombant, elle n'a pas détruit la dynastie des Bonaparte, la France aura peut-être le sort de l'empire romain !...

Après la paix forcée qui devait mettre fin à la lutte entre Prussiens et Français, — et comme pour comble de malheurs, — la guerre civile éclate. Des Français font rébellion au pouvoir que la France s'était donné pour panser ses blessures. La Commune dit à M. Thiers : « A nous deux ! » Sans doute, il y avait dans les rangs de ces révoltés de nobles cœurs, des hommes aveuglés par de généreuses illusions, qui croyaient réellement combattre pour la bonne cause et pour la République ; d'autres, pris malgré eux, et qui, dans un but de conci-liation, restaient, quoique à regret. Mais c'était le petit nombre. Tout le reste se composait de ces fameux *radi-caux*, que nous trouvons partout où il y a du désordre à créer, de *bonapartistes*, de fainéants de tous ordres, d'ambitieux déclassés. Ce sont ces gens-là qui voulaient imposer à la France un gouvernement de leur choix et renverser celui qu'elle avait élu, quoique dans des circonstances anormales. Au point de vue moral, les communards ont fait plus de mal que les Prussiens : ils ont commis le crime de lèse-patrie ; ils ont retourné le poignard dans la plaie béante, avec l'honnête prétexte de rappeler à la vie une malheureuse victime ! Quel dé-couragement ce triste spectacle n'a-t-il pas jeté dans les convictions et dans les esprits !...

Que serait-il advenu si le gouvernement de Versailles avait été vaincu ? La réponse est simple. Suivant les lois de la guerre, M. Thiers et ses amis auraient été fusillés. Une fois ces exécutions achevées, il aurait bien fallu constituer un rouage gouvernemental. Ce travail n'est pas aussi facile que l'on pourrait le supposer. Les commu-nards n'auraient point demandé l'avis du pays par un plébiscite, car ils savaient parfaitement qu'il ne voulait ni d'eux ni de leur système. Alors, il ne restait que la ressource arbitraire de s'imposer à la France et de la soumettre, vu son état moral, au traitement physique et *radical* du célèbre docteur Guillotin. Avec le plus simple bon sens, on reconnaît du premier coup que les beaux jours de 93 allaient reluire ! Un *sauveur* aurait surgi !....

Assez de sang versé dans des luttes intestines ! Le droit de vie ou de mort n'appartient qu'à Dieu ! On tue les hommes, mais on ne détruit pas un principe. Les têtes coupées dans les temps d'effervescence révolutionnaire ne suivent pas la loi commune; elles ne se consument point dans le cercueil, et, comme des fantômes, on les voit sortir de terre à un moment donné !

———

Mille huit cent soixante-quinze ans après la naissance du Christ, — celui qui portait dans son cœur les trois mots inscrits sur le drapeau de 89, — la France est dans une situation à peu près comparable à celle où se trouvait l'empire romain après la mort de César et vingt-huit ans avant la naissance de Jésus.

Dans les murs de Versailles, un combat des plus violents s'engage en l'année 1875. Octave et Antoine se disputent encore le pouvoir. Actium, cette fois, change de tactique, et, dans l'intérêt même de la patrie, se prononce pour la République. Pour être juste, il faut reconnaître aussi qu'il y avait un tiers entre Octave et Antoine : sans cela, l'un des deux eût triomphé. Mais où la comparaison n'existe plus, où un progrès immense se dessine et laisse bien loin derrière lui le souvenir des armées romaines, c'est non-seulement le résultat de la bataille, mais les armes employées pendant la lutte. Le glaive et la lance des Romains, la poudre et ses engins de destruction sont dédaignés pour gagner la victoire. Une arme perfectionnée, sinon rayée, est entre les mains de ces gladiateurs modernes : cette arme, c'est le bulletin de vote, c'est le suffrage universel ! Ici, plus de sang versé, plus d'innocentes victimes dont les cris de mort sur le champ de bataille doivent même toucher le vainqueur...

Espérons que, désormais, les armes meurtrières n'armeront le bras des Français que pour repousser des ennemis qui voudraient envahir le territoire. Dieu veuille que le glas funèbre annonçant la fin des guerres civiles ait retenti et que le suffrage universel, malgré son imperfection, continue à régler en France la marche du pouvoir! Certes, tout cœur honnête a des sentiments républicains. La République est le plus beau système gouvernemental. Mais quelle somme de sagesse et de raison n'exige-t-il pas de la part des citoyens en général, qui deviennent en particulier les collaborateurs de ce même système? Étant donné le caractère humain, il est évident qu'alors même que le suffrage universel obtiendrait son plus haut degré de perfection, jamais le résultat d'un scrutin ne contentera tout le monde. Mais le vrai républicain doit s'incliner et respecter le verdict, tout en conservant ses espérances, qui peuvent se réaliser au prochain tour. Il ne s'agit pas de vouloir personnellement dicter des lois. Ou l'on est partisan du suffrage universel, ou l'on ne l'est pas; si l'on en est partisan, quand il a parlé, on doit se taire. Malheureusement, en France, il y a beaucoup d'hommes qui se croient républicains, se disent même les purs, et font beaucoup de mal au parti. Alors qu'il faut le plus de modération et de sagesse pour attirer vers cet enfant nouveau-né des tuteurs pris dans tous les rangs de la société, — principalement dans ceux qui peuvent lui être du plus grand secours, — ces mêmes hommes viennent demander des exclusions et disent hautement: *Tout ou rien !* En voilà du patriotisme, quand on sait parfaitement qu'en demandant *tout*, on n'a *rien*. C'est dire au peuple : « Ne mangez plus jusqu'à nouvel ordre, nous vous donnerons plus tard du poulet avec du pain frais. Quand? Nous n'en savons rien nous-mêmes!... » Grand merci de votre générosité!... Le peuple, en attendant ces bons mets dont l'arrivée est illusoire, préfère manger ce qu'il a que de mourir de faim. Et il a raison. Parmi ces hommes faisant du tort à la République, nous avons le regret de citer M. Louis Blanc, qui base sa politique sur un terrain on ne peut plus mouvant. Il y a déjà quelque temps, lorsqu'il développait son système tendant à supprimer même l'emploi de président de la République, nous nous demandions si ce député ne suivait pas un sentier dangereux. Nous ne cesserons de le répéter : on veut toujours aller trop vite, parce que d'autres vont trop doucement ou reculent même. Il y a un milieu dans tout et pour tout, et nous prouverons, l'histoire et les faits en main, que toutes les fois que le chariot gouvernemental a voulu passer outre, il a versé avec grandes avaries... Alors, par extension, on pourrait supprimer aussi les préfets, les brigadiers de gendarmerie, les maires, etc... M. Louis Blanc a vu Gulliver traînant à lui seul toute la flotte lilliputienne; s'il espère obtenir le même résultat que le géant vis-à-vis des urnes françaises, il n'a qu'à en faire l'essai et préparer ses fils de raccordement.

Récemment encore, M. Louis Blanc se passionne et s'attache à combattre la politique de « concession et de transaction de M. Gambetta » relativement au vote de la Constitution du 25 février. Nous avons conservé un journal d'où nous allons extraire une partie d'un article répondant à l'accusateur de M. Gambetta. Le lecteur pourra juger de la vérité, de l'honnêteté, du patriotisme et de la sincérité dont toutes les lignes sont imbues :

« Le droit ne périt jamais! » répond M. Louis Blanc. M. Louis Blanc se trompe : le droit subit des éclipses qui équivalent à une mort. Où était le droit de 1851 à 1870? On dit que la victoire reste toujours au droit. C'est une de ces phrases stéréotypées, empruntées à une phraséologie vieillie. L'histoire est remplie des défaites du droit et des victoires de la force. Les amants de l'idéal se consolent en songeant à la revanche du droit. Soit. Mais si cette revanche ne doit avoir lieu que dans cent ans, deux cents ans, on conviendra que les hommes nés aujourd'hui aient quelque mécontentement en songeant qu'ils seront depuis longtemps enfouis sous la terre quand se lèvera l'aurore de la liberté !

» Il ne nous convient pas de jouer la République et la Monarchie à pile ou face. Nous préférons une République même conservatrice à une Monarchie même libérale. Et la raison en est simple. Tant que la République existe, on possède avec elle l'instrument efficace de toutes les réformes, de toutes les améliorations ; avec la Monarchie, cet espoir nous est enlevé : la souveraineté n'appartient plus à la nation. Des élections générales suffisent à transformer une République aristocratique en une République démocratique. On ne sort de la Monarchie pour entrer dans la République que par une révolution violente, que par un 1830, un 1848, et la France n'a plus le tempérament révolutionnaire.

» Le vice capital de l'argumentation de M. Louis Blanc, c'est d'être purement négative. L'orateur nous dit bien ce qu'il ne veut pas : il ne nous dit pas ce qu'il veut. Il désapprouve la politique de M. Gambetta : il n'esquisse pas les traits d'une autre politique. Les trois gauches ont eu, suivant lui, le tort de voter la Constitution du 25 février : il ne nous indique pas la ligne de conduite qu'il eût voulu voir adopter.

» Si les gauches n'avaient pas voté la Constitution, nous ne serions pas aujourd'hui en République légale. Nous ne compterions pas dans le cabinet deux ministres dévoués à la politique des gauches. Au lieu de la détente qui s'est produite, l'esprit du 24 mai serait resté souverain dans l'administration. Il n'est pas vrai de dire que la Constitution du 25 février ne nous ait donné qu'un mot : le découragement des monarchistes prouve que nous avons autre chose qu'une formule vide. Le seul nom de la République inscrit en tête des lois donne au parti républicain une force immense dans l'opinion : il facilite la propagande de ses idées, il fait de lui un parti gouvernemental. Ce sont là de précieux avantages à l'aide desquels, avec un peu de virilité, nous pourrons en conquérir d'autres.

» Sans doute il est facile de triompher, si l'on compare la République actuelle à la République idéale; mais la question ne se pose pas ainsi : il faut, pour être juste, comparer la République du 25 février au régime du 24 mai. Elle l'a remplacé; elle serait remplacée par lui, si les lois constitutionnelles complémentaires n'étaient pas votées par l'Assemblée. Voilà la réalité tangible, visible, concrète, que M. Louis Blanc, toujours idéaliste et quelque peu occupé à regarder les astres, ne veut pas et peut-être ne peut pas voir. »

Il n'est pas possible d'être plus à la hauteur de la situation politique présente que celui qui a écrit ces lignes, et dont nous regrettons de ne pas connaître le nom. Cette citation contient des faits qui non-seulement montrent la vérité, mais qui aident à la palper. Comme il nous serait agréable de voir le journalisme se servir d'armes semblables, dont la logique simplicité fait toute la grandeur, au lieu de ces polémiques indignes d'hommes bien élevés, aspirant à faire école, et qui, sous le prétexte de traiter des affaires du pays, trouvent le moyen d'assouvir des rancunes personnelles à l'aide d'un style et d'expressions qui leur devraient être inconnus!

Oui, c'est bien la réponse due au bizarre M. Louis Blanc, qui n'est pas content de ce qui est, mais qui ne sait pas le moins du monde par quoi il va remplacer ce qu'il veut renverser. C'est le programme radical : *Démolissons toujours! nous verrons ensuite!* Eh bien! non! halte-là, messieurs; nous voulons voir avant, et nous ne laisserons pas démolir notre maison, quasi-solide, pour que vous nous en construisiez une, en forme d'édifice, avec vos maçons exaltés, qui négligent les fondements au profit du sommet; nous ne dormirions pas tranquilles dans ce domicile que le moindre aquilon ferait se renverser sur nous.

Bref, M. Louis Blanc voudrait attirer un autre aigle sur la France, qu'il n'aurait pas d'autre marche à suivre.

Nous supposons bien que telle n'est point son intention. Mais, plus que tout autre, il devrait y réfléchir. Napoléon IV achèverait l'œuvre si bien commencée par son illustre père, et ce travail ne serait pas long. Pour se maintenir, il serait dans la nécessité de déporter au moins 100,000 citoyens, après un nouveau Deux-Décembre. Et, comme la vengeance est un morceau de roi, on pourrait être sûr que sa politique aurait pour base principale l'idée bien arrêtée de relever l'honneur de son nom, tombé à Sedan, et de préparer en sous-main une autre guerre qui, cette fois, pourrait causer le démembrement complet de notre patrie. On a vu dans l'histoire des nations des faits de ce genre. C'est aux vrais Français à veiller au salut de la France et tenir à distance le descendant d'une dynastie qui lui a été si funeste pécuniairement et moralement.

Revenons à M. Louis Blanc, « toujours idéaliste et quelque peu occupé à regarder les astres. » De même qu'Alexandre Dumas, peu satisfait de ses lauriers littéraires, ambitionnait ceux de Vatel, le grand historien voudrait peut-être faire pièce à Leverrier. Ah ! comme on reconnaît bien là le vice originel. Ceci nous rappelle le fameux roi Alphonse, dont parle la Fable, « qui connaissait le ciel bien mieux que son royaume, » et dont la préoccupation unique était de connaître la position sociale des habitants de la lune.

Par ce seul fait de s'étendre hors du domaine terrestre, c'est-à-dire hors du possible, M. Louis Blanc est devenu l'homme des *radicaux*. Ces honorables, oubliant qu'il y était déjà, s'empressent de le porter aux nues. Sur ce, vive Louis Blanc ! l'homme de l'avenir, le grand patriote !... Et pour ces mêmes enthousiastes, M. Thiers est un « vieil imbécile », Gambetta un « républicain tiède, » etc.

Nous souhaiterions à la France beaucoup d'*imbéciles*

dans le genre de M. Thiers. Quant à ceux qui tiennent
des propos semblables vis-à-vis d'un homme dont le nom
figure au premier rang dans l'histoire, nous pouvons
leur assurer qu'ils donnent une triste idée de leur intelligence politique et morale, et qu'ils inspirent un sentiment qui frise le dédain ou la pitié. Qu'ils soient persuadés
cependant que leur venin ne sort de leurs lèvres
que pour se répandre sur leur poitrine : le grand patriote n'est pas atteint.

Quant à M. Gambetta, sa ligne de conduite ne peut que
lui attirer des partisans sérieux. Il a vu de près les diffi-
cultés qui sont les compagnes du pouvoir ; il sait que le
mot *impossible* est très français ; c'est pour ce motif
qu'il laisse M. Louis Blanc et autres diriger leur barque
vers les récifs. Observateur des hommes et des choses,
l'ex-dictateur a jeté son ancre dans l'Océan politique, ni
trop loin ni trop près du bord. La situation est comprise :
l'expérience a produit ses fruits.

Il est évident que les illuminés politiques verraient
avec une indicible joie MM. Louis Blanc ou Montjau
appelés à former un ministère. Ce serait un triste quart
d'heure à passer pour ces honorables députés, si le gouvernement les mettait dans une pareille situation. Ils
s'empresseraient de refuser avec force remercîments ; ils
sont trop intelligents pour ne pas comprendre qu'ils
seraient bientôt *débordés* par ces mêmes illuminés et
autres.

En définitive, de tous temps et dans tous les âges, la
lutte sociale du *pot de terre* et du *pot de fer* est le pivot
sur lequel tous les systèmes politiques exercent leurs
forces respectives. Avec un peu de logique on arrive à
résoudre ce grand problème : le pot de fer étant lui-même
un produit de la terre, il est impossible qu'il soit détruit
par son antagoniste.

Nous avons entendu dire assez souvent que l'ignorance

du peuple en politique provient de ce qu'il ne peut se procurer des livres traitant cette question. Toujours la même histoire : on veut aller chercher au loin ce qui se trouve à proximité de la main. Dans toutes les écoles primaires, il y a à la portée des élèves les deux meilleurs livres que l'on puisse rêver pour faire l'éducation dont il s'agit. Nous voulons parler des *Fables* de Lafontaine et de Florian. Malheureusement, ces livres, d'une simplicité égale à leur grande valeur morale, ne sont généralement lus qu'à l'époque de la vie où l'intelligence n'est pas assez développée pour en apprécier la portée et en retirer des fruits. Dans le *Meunier, son Fils et l'Ane,* Lafontaine a traité la question politique et sociale avec une vérité qu'il est impossible d'égaler. Là, messieurs les *radicaux* jouent leur petit rôle habituel, si bien que le meunier est mis dans l'alternative de faire « à sa tête.» Ce meunier n'était pas méchant. Il en est qui se seraient donné la peine de mettre en mouvement le fouet traditionnel... Alors, on aurait vu les *radicaux* franchir les palissades et gagner la foire par un autre chemin.

L'histoire politique et sociale des peuples est esquissée de main de maître dans ces fables où les siècles futurs trouveront toujours à s'instruire. Jeunes gens, hommes faits, lisez et relisez les *Fables* de Lafontaine ; ce que vous ne découvrirez pas dans ces pages, soyez persuadés qu'il serait inutile de le chercher ailleurs. De même que l'eau, mise en ébullition, produit une somme de force incalculable, ce livre, si simple en apparence, réchauffé dans votre cerveau à un degré moyen, vous donnera au degré supérieur le jugement et l'expérience qui vous feraient défaut.

Pour finir, nous allons esquisser le portrait d'ensemble des *radicaux*. La plupart d'entre eux figureraient avec honneur dans des maisons de santé, dont ils feraient d'excellents pensionnaires ; viennent ensuite les petites intelligences n'ayant reçu qu'un commencement d'instruction ; les utopistes ; les hommes qui n'aiment pas le travail et désireraient pêcher en eau trouble ; ceux qui se figurent être radicaux (ce sont les plus nombreux); les fortes têtes de toutes les classes ; les bonapartistes ; les déclassés, etc., etc. Tous ces gens-là servent de marche-pied à la plupart des gros bonnets du parti, lesquels sont plus soucieux de leur intérêt personnel que de celui de leurs électeurs ; et, leur ambition une fois satisfaite, ils trouvent le moyen de faire séparation de corps avec les exaltés, qui se laissent prendre à un autre filet, tellement il est d'individus auxquels il faut promettre plus de beurre que de pain ; sans cela, ils vous disent : « Vous n'êtes pas notre homme ! »

Franchement, cela prêterait à rire, s'il ne s'y trouvait un côté si triste.

Tout bien considéré, le *radicalisme*, tel qu'il figure politiquement, n'est pas un parti sérieux. Non-seulement il n'a pas de programme arrêté, à part une course folle en avant, mais chacun de ses adeptes a un système de sa façon. De telle sorte que, des radicaux eux-mêmes, jailliraient d'autres radicaux, plus les ultra-radicaux et les radicaux *à tout casser*. Avec des gens de cette force et de ce tempérament, il serait impossible de conclure un programme, car aussitôt qu'une opinion aurait prévalu dans un sens, d'un côté (cela après d'innombrables discours qu'il serait imprudent d'approfondir), de l'autre on verrait surgir une idée plus grandiose encore que la première, etc., etc. On attendrait vainement la fin comme justification des moyens.

Avec les *radicaux*, la France pourrait être comparée à une grande salle de danse, où chacun des artistes d'un immense orchestre voudrait jouer un morceau de sa fantaisie et suivant que cela lui plairait. On voit d'ici l'ensemble qui résulterait de part et d'autre, par suite de cette innovation liberticide. On ne saurait sur quel pied danser. Les danseurs honnêtes et convaincus, — ceux qui préféreraient un modeste galoubet à tout cet attirail d'art, — se retireraient chez eux attristés. Quant aux autres, ils trouveraient certainement quelque musicien dont le système dansant ne serait précisément pas celui de la méthode Galin-Paris-Chevé. Il est évident que les honnêtes danseurs seraient obligés de subir le goût imposé forcément aux turbulents, et ceux qui s'en plaindraient les premiers seraient probablement les derniers. On voit cela communément.

Certains radicaux — ceux auxquels il est facile de faire entendre que deux et deux font quatre — finissent par avouer et reconnaître que, présentement, leur programme est hors de saison ; mais « ils sont certains que, dans *mille* ou *douze cents ans*, c'est celui qui prévaudra et réglera la marche gouvernementale. » Il faut être imbu d'un sérieux peu commun, pour ne pas éclater de rire au nez de ces progressistes, qui prétendent dicter des lois pour une époque future où il n'existera peut-être plus personne dans notre planète. Il faudrait supposer aussi que ceux qui viendront après nous seront dans un état voisin de l'idiotisme et d'une incapacité notoire au point de vue politique et social. Dans ce cas, et pour les bienfaits d'un avenir lointain, il est vrai, les radicaux doivent se presser à écrire des livres de circonstance, où ils pourront mettre en épigraphe : « *Faites ce que je vous dis et non ce que j'ai fait.* » Ce ne sera point nouveau, quoique étant pour des ouvrages destinés à des siècles immensément futurs... Oui, nous aimerions à voir produire des idées de ce genre chez les libraires, et nous les goûterions à certains moments. Les amateurs de la vieille gaîté française, dont le nombre est grand, en feraient nécessairement leurs délices !

LE FER ET LA LIBERTÉ

Brennus, après avoir livré Rome au pillage, n'ayant pu réussir à s'emparer du Capitole, traita avec les Romains, moyennant une somme d'or. Le général gaulois, non content de se servir de faux poids, jeta son épée dans le bassin de la balance, en disant : « *Malheur aux vaincus !* » Camille, qui survint à ce moment, dit aux Romains de garder leur or, et aux Gaulois d'emporter leurs balances. « C'est avec le fer, s'écria-t-il, qu'on achète la liberté !... » Camille livra bataille sur des ruines ; mais il chassa les ennemis.

Dans Brennus nous trouvons un exemple de ce que l'on doit attendre de l'épée, cette force brutale, primant le droit, qui gouverne le monde depuis 4,000 ans ; et si Camille, avec le fer, sauva son pays et la liberté, on ne doit citer le fait que pour mémoire. Le fer sert à maintenir les peuples dans un état permanent d'esclavage, ou, pour mieux dire, impose au grand nombre la volonté et les caprices d'un seul.

Aux époques primitives où les peuples étaient dans un état d'ignorance et de barbarie dont on ne peut se faire que difficilement une idée, nous comprenons qu'il devait être facile de pousser ces mêmes peuples dans des combats dont le mobile était un sentiment que l'on ne trouverait peut-être pas chez les bêtes féroces : les vainqueurs pillaient les vaincus et s'appropriaient par la *force* ce que la *raison* avait amassé. Ce qu'il est convenu d'appeler la *gloire* ne jouait qu'un bien petit rôle dans les exploits guerriers... L'argent ! voilà ce que voulaient la plupart des héros d'autrefois. Avec la civilisation, il y a eu progrès : les tueries d'hommes, sur les champs de bataille, ont une espèce d'auréole ; cette auréole, qui plane au-dessus des combattants, c'est la gloire ! Mais il ne faut pas oublier que l'argent est compagnon immédiat de la gloire, et que les vaincus d'aujourd'hui sont rançonnés à la façon des anciens temps.

Si nous avons vu avec un grand serrement de cœur la malheureuse guerre franco-prussienne, c'est surtout sous le rapport moral. En plein dix-neuvième siècle, les horreurs commises par les anciennes hordes barbares sont renouvelées sur le sol français, sol de lumière, par des ennemis avides de vengeance, et qui prétendaient n'en vouloir qu'à Napoléon. Ce dernier tombé, leur acharnement a été le même envers un peuple et des armées désorganisés, — parce que le FER ne raisonne pas ! parce que, à un moment donné, l'épée du chevalier peut faire de lui le dernier des soudards ; exemple : les Brennus et les Coriolan.

Brennus veut voler les vaincus. Mais combien est plus méprisable la conduite de Coriolan ! Ce dernier général, après avoir battu les Volsques, brigua le consulat. Mais les lauriers qu'il avait conquis avec le fer des Romains avaient métallisé son cœur et son âme ; l'homme avait disparu : il ne restait que le soudard, qui s'était rendu

odieux, insupportable, si bien qu'il échoua dans ses pré-
tentions consulaires. Il chercha ensuite à tirer vengeance de cet échec et se proposait de malmener le
peuple, lorsque les tribuns mirent un terme à ses actes
indignes en le faisant condamner à l'exil. Là va se dessiner une situation qui montrera que le droit n'a presque
jamais rien de commun avec la force.

Irrité de cette condamnation, Coriolan va s'offrir aux
Volsques comme général. Il vint bientôt, à leur tête,
assiéger Rome même. Sourd aux prières des Romains
effrayés, il était sur le point d'emporter la ville d'assaut,
lorsque les larmes et les supplications de sa mère le firent
consentir à lever le siége. Si Véturie ne s'était pas trouvée
dans la place même, ce traître eût assouvi une vengeance
des plus cruelles sur sa patrie. Rome aurait été réduite
en cendres !

Voilà le Fer et ses exploits !

C'était-il pour la Liberté, que Bazaine laissait inactif
le fer français accumulé dans Metz ? S'il est vrai qu'*à
vaincre sans péril on triomphe sans gloire,* il est égale-
ment vrai que ce qui est pris sans gloire est de bonne
prise : Metz, la ville aux souvenirs héroïques, n'appartient malheureusement plus à la France !

Le grand Charles-Quint avait voulu prendre Metz ;
mais, après un siége qui dura du 31 octobre 1552 au
15 janvier 1553, il fut obligé d'abandonner la partie. Il
avait eu affaire non pas à un Bazaine, mais à François
de Lorraine, duc de Guise. Celui-là avait pris sa tâche au
sérieux, et le fer des assiégés avait été plus fort que
celui des assiégeants.

Hélas ! il y avait à Metz, en 1870, assez de fer pour que
Bazaine pût obtenir le même résultat que le duc de
Guise. Mais il aurait fallu l'envoyer sur les Allemands !
Bazaine gardait ce FER pour s'en servir contre les répu-
blicains, contre les ennemis de son empereur, c'est-à-

dire contre la France ! Il espérait pouvoir rentrer à Paris avec cette armée, après un traité quelconque avec les Prussiens, et s'imposer en dictateur… en attendant le retour du Bonaparte.

Mais l'homme sinistre qui faisait passer la France après Napoléon et après lui ; l'homme ambitieux qui a livré, sans la défendre, une des plus belles places fortes ; l'homme qui, sans en être ému, a vu les larmes de rage d'une armée assiégée, restant par ordre dans l'inaction, — cet homme a reçu la *récompense* due à son crime : il est banni du sol français !

À quoi servent donc les statues que l'on élève à la mémoire des grands hommes, puisque celle de Fabert et l'inscription qui se trouve sur le socle n'ont pas touché le cœur d'un maréchal de France ?

Son digne maître, à Sedan, avait inauguré un nouveau genre d'exploits guerriers. Ah ! comme les épaulettes de général font quelquefois fausse route !

Si dans la poitrine du maréchal commandant en chef à Metz avait battu un cœur aussi noble et aussi plein de patriotisme que celui qui battait dans la poitrine de ces gardes forestiers, héros obscurs qui traversaient les lignes prussiennes pour lui porter des nouvelles et en recevoir, — avec la seule ambition de servir la patrie en danger, — si, disons-nous, dans la poitrine de Bazaine avait battu un cœur semblable, le fer de Metz aurait chassé les Allemands et travaillé pour la liberté !…

En 1792, le commandant Beaurepaire, chargé de la défense de la place de Verdun, fut sommé par le Conseil municipal de livrer cette ville aux Prussiens, qui l'assiégeaient. Beaurepaire se fit sauter la cervelle, pour ne pas se rendre aux ennemis. Il eut les honneurs du Panthéon. Voilà de ces soldats dont la France est fière et honore le souvenir, et qui, grands jusqu'aux bords de la tombe, savent mourir pour l'honneur de leur pays et pour la liberté !

Hommes de Sedan et de Metz, vous n'avez pas su mourir !!...

Fabert !... Beaurepaire !... Verdun !... Ces noms ne sont-ils jamais venus à votre mémoire ?

Beaurepaire !... au Panthéon !

Hommes de Sedan et de Metz !... à la roche Tarpéienne !

Et voilà de faux héros que l'on avait cru sous l'égide du Dieu des batailles et qui se targuaient d'avoir dans leurs veines du sang des Césars ! Ils se sont servis du fer de la France pour l'étouffer à l'intérieur, et lorsque l'ennemi a franchi la frontière, ils lui ont livré ce même fer lâchement, sans combattre. Les lions s'étaient changés en cerfs ! les aigles en hibous !...

Il est une conclusion à tirer : c'est que pas une nation ne doit s'attribuer le monopole des victoires, pas plus que la protection de Dieu. Les États sont des familles qui, tour à tour, ont leurs moments de prospérité et de malheur. Le fer français avait joué son rôle en Allemagne, sous le règne de celui qu'on appelait *le grand homme* : c'est Napoléon le Grand, c'est la colonne qui ont attiré sur Napoléon le Petit et sur la France le fer des Allemands ! Voilà, sans phrases, toute la vérité.

En s'attaquant à Napoléon III, l'Allemagne était dans son droit, à un certain point de vue : elle en est sortie en continuant la guerre après Sedan. L'argent qu'elle nous a pris, ses victoires, devenues faciles, ont élevé en Prusse une colonne qui tombera un jour, suivant en cela les règles de la loi commune. Le fer démolit ce que le fer a construit ! Le sang gaulois a pu s'alourdir un moment et faiblir ; mais c'est toujours le sang gaulois !...

C'est donc le fer qui règne en maître : sans le fer, pas de frontières, pas de patrie ! Ceux qui seraient tentés de

s'illusionner sur un avenir meilleur, n'ont qu'à regarder
d'un peu près la situation générale. Ces nombreuses ca-
sernes, ces nouveaux engins de destruction, ces hommes
de science travaillant nuit et jour à des recherches pour
le perfectionnement d'armes devant servir à tuer le plus
promptement possible un plus grand nombre d'hommes,
— tout cela est une sérieuse matière à réflexions. Le mé-
decin (à supposer qu'il y en aurait d'assez simples pour
s'en occuper) qui découvrirait un remède sûr pour gué-
rir radicalement une des innombrables maladies qui dé-
vorent l'espèce humaine, pourrait s'attendre à la réponse :
« *Nous verrons !* », s'il adressait un mémoire à un gouvernement quelconque. Bien plus heureux serait l'inven-
teur d'un canon pouvant lancer vingt boulets rouges à
la minute, à une distance de huit kilomètres, de manière
à réduire en cendres en un quart d'heure une ville de
200,000 âmes ! Ce philanthrope d'un nouveau genre verrait s'ouvrir devant lui toutes les portes des ministères,
et surtout celles par où sortent les décorations. Voilà où
nous en sommes sous le rapport de l'humanité ! Quelques
personnes aiment à croire que l'invention de ces armes
de guerre si terribles peut conduire à une paix générale.
C'est une grande erreur. La bataille et la guerre sont un
vice originel ! Les armes perfectionnées, les engins les
plus redoutables exerceront toujours une tentation : on
sera porté à les employer, un moment ou l'autre, ne
serait-ce que pour s'assurer si l'on peut en obtenir des
merveilles.

Peut-être que la civilisation, après avoir eu son milieu,
est dans la période de décroissance. Qui pourrait assurer
que nous ne marchons pas vers un autre âge de fer ? La
situation des nations européennes peut attester que cette
opinion n'est pas précisément sans un semblant de vérité. Nous avons dit qu'il fallait tenir compte du caractère actuel d'un peuple pour le gouverner ; nous ajoute-

rons qu'il faut observer aussi la position des États voisins. Si l'on a cru allier le positif à la philosophie, il ne faudrait point se berner d'une semblable alliance avec la politique. A part les chiffres, rien n'est positif!

La République, en France, implantée par la force des choses, a, par cette raison même, des chances de s'y maintenir. Mais il faut une patience et une prudence à toute épreuve pour mener à bonne fin l'œuvre commencée. Ne cassons rien. La raison persuasive! Voilà ce qu'il faut pour aider à comprendre la grandeur morale du gouvernement républicain. Il n'y a qu'un moyen pour bâtir quelque chose de durable et de solide. Ce qui viendrait par la violence tomberait par la violence. Avec la République, le suffrage universel remplacerait le fer, jusqu'alors au service des tyrans, et le changement d'hommes au pouvoir (changement dont il ne faudrait point abuser) s'opérerait sans que des boucheries humaines s'exécutassent aux frontières ou à l'intérieur. Voilà qui serait un progrès! Mais point de rêves utopistes : il faudra toujours comme appui au service de la République (ce gouvernement de la raison), ce même FER dont Camille se servit pour chasser Brennus de Rome et conquérir la Liberté !...

Bordeaux. — Imprimerie J.-A. FAURE, rue des Augustins, 25